1 पशु

प्रश्न 1 : गाय अपने सामान्य जीवन में लगभग कितना दूध देती है?

उत्तर : गाय अपने जीवन में लगभग दो लाख गिलास दूध देती है।

प्रश्न 2 : बिल्ली रात्रि में कितना और क्यों देख पाती है?

उत्तर : बिल्ली रात्रि में मानव से छह गुना अधिक देख सकती है, क्योंकि उसकी आँखों में प्रतिबिंब वाली विशेष कोशिकाएँ लगी रहती हैं, जो रोशनी को अपने भीतर सोख लेती हैं।

प्रश्न 3 : शेर और शेरनी में कौन शिकार ज्यादा करता है?

उत्तर : शेरनी शेर से 90 प्रतिशत अधिक शिकार करती है। जब शेरनी शिकार करती है, तब शेर अपनी माँद में आराम करता है।

प्रश्न 4 : क्या गाय को सीढ़ियों से छत पर ले जाना, यानी चलाना संभव है?

उत्तर : गाय सीढ़ियों से चढ़कर छत पर जा सकती है, परंतु सीढ़ियाँ उतर नहीं सकती।

प्रश्न 5 : जेबरा किस रंग का होता है और उस पर धारियाँ किस रंग की होती हैं?

उत्तर : जेबरे का रंग सफेद तथा धारियाँ काली होती हैं।

प्रश्न 6 : भालू धीमी गति से दौड़ता है या तेज गति से?

उत्तर : आलसी सा दिखने वाला भालू घोड़े जितना तेज भी दौड़ सकता है।

प्रश्न 7 : भालू के कितने दाँत होते हैं?

उत्तर : 42 दाँत।

प्रश्न 8 : बिल्ली की मूँछों की कितनी लाइनें होती हैं?

उत्तर : चार लाइनें।

प्रश्न 9 : शेर की दहाड़ कितनी दूर तक सुनाई पड़ सकती है?

उत्तर : शेर की दहाड़ पाँच मील दूर तक सुनाई पड़ती है, जबकि चीते की गुर्राहट एक मील दूर तक ही सुनी जा सकती है।

प्रश्न 10 : ऊँट पानी के बिना महीनों तक जीवित रह सकता है, जबकि एक जानवर दूर से पानी का अंदाजा लगा सकता है, वह कौन सा जानवर है?

उत्तर : हाथी तीन मील की दूरी से पानी की गंध ग्रहण कर सकता है।

2 पक्षी

प्रश्न 1 : पक्षियों के पंखों की यदि उनकी हड्डियों के वजन से तुलना की जाए तो किसका वजन ज्यादा होगा ?

उत्तर : पंखों का वजन ज्यादा होगा।

प्रश्न 2 : कौन सा पक्षी सबसे ऊँचा उड़ सकता है ?

उत्तर : गिद्ध सबसे अधिक ऊँची उड़ान भर सकता है। वह 36,900 फीट की ऊँचाई तक भी उड़ सकता है, यानी लगभग साढ़े बारह किलोमीटर ऊँचाई पर।

प्रश्न 3 : विश्व की सबसे छोटी चिड़िया कौन सी है और उसका वजन कितना होता है ?

उत्तर : विश्व की सबसे छोटी चिड़िया हमिंग बर्ड है, जिसका वजन लगभग 25 से 30 ग्राम होता है। वही एकमात्र चिड़िया है जो ऊँची उड़ सकती है।

प्रश्न 4 : हमिंग बर्ड बहुत हलकी व छोटी होती है। वह तेज उड़ती भी है, लेकिन क्या वह तेज चल भी सकती है ?

उत्तर : हमिंग बर्ड चल नहीं सकती।

प्रश्न 5 : बाज पक्षी कितनी दूरी से कोई वस्तु देख सकता है?

उत्तर : बाज की निगाह बहुत पैनी होती है। वह डेढ़ किलोमीटर की दूरी से 10 सेंटीमीटर की वस्तु भी देख सकता है।

प्रश्न 6 : जल में तैरने वाला विश्व का सबसे बड़ा पक्षी कौन सा है?

उत्तर : पेंग्विन। यह केवल तैरते समय पंखों का प्रयोग करता है।

प्रश्न 7 : शुतुरमुर्ग की आँख का आकार कितना होता है?

उत्तर : शुतुरमुर्ग की आँख जंतुओं में सबसे बड़ी होती है। इसकी आसपास लंबाई 2 इंच होती है।

प्रश्न 8 : चमगादड़ कितनी दूरी से भोजन का पता लगा लेते हैं?

उत्तर : चमगादड़ 18 फीट की दूरी से अपने भोजन का पता लगा लेते हैं।

प्रश्न 9 : भोजन की तलाश में तोता कितनी लंबी उड़ान भर लेता है?

उत्तर : कई प्रजातियों के तोते भोजन की तलाश में पाँच सौ मील से अधिक की उड़ान भर लेते हैं।

प्रश्न 10 : कबूतर कितनी धीमी आवाज तक सुन सकता है?

उत्तर : कबूतर 0.1 हर्ट्ज तक की धीमी आवाज को महसूस कर लेता है।

3 कीट व सरीसृप

प्रश्न 1 : तितली किसी भी चीज का स्वाद कहाँ से महसूस करती है?

उत्तर : तितली अपने पैरों में लगी स्वाद ग्रंथियों से स्वाद का आनंद लेती है।

प्रश्न 2 : कोबरा साँप की लंबाई अधिकतम कितनी होती है और वह कितना जहरीला होता है?

उत्तर : कोबरा साँप अधिकतम 5.5 मीटर तक लंबा हो सकता है और विश्व का सबसे जहरीला साँप होता है। इसके थोड़े से जहर से तीस लोगों की मृत्यु हो सकती है।

प्रश्न 3 : क्या मेढक जहरीले होते हैं?

उत्तर : हाँ, कई मेढक जहरीले होते हैं। जैसे ऐरो मेढक के अंदर इतना जहर होता है कि यह 2200 लोगों को एक साथ नुकसान पहुँचा सकता है।

प्रश्न 4 : मक्खी की कितनी आँखें होती हैं?

उत्तर : मक्खी की अन्य कीटों के विपरीत पाँच आँखें होती हैं, जिनमें 2 बड़ी व उनके बीच 3 छोटी आँखें होती हैं।

प्रश्न 5 : कौन सा कीट सिर कट जाने पर भी हफ्तों जीवित रह सकता है ?

उत्तर : कॉकरोच सिर कट जाने पर भी कई हफ्तों जीवित रह सकता है और अंत में भूख के कारण मर जाता है।

प्रश्न 6 : गिरगिट की आँखों की क्या विशेषता होती है ?

उत्तर : गिरगिट की आँखें स्वतंत्र रूप से अलग-अलग दिशा में घूम व देख सकती हैं।

प्रश्न 7 : झींगुर को आवाज कहाँ से सुनाई देती है ?

उत्तर : झींगुर अपने पैरों का उपयोग करके सुनता है। किसी भी प्रकार की आवाज से उसकी अगली टाँगों में कंपन होता है।

प्रश्न 8 : बिच्छू की कितनी आँखें होती हैं ?

उत्तर : बिच्छू की बारह तक आँखें हो सकती हैं।

प्रश्न 9 : साँप की जीभ किस काम आती है ?

उत्तर : साँप की जीभ में स्वाद ग्रंथियाँ नहीं होतीं। जीभ का प्रयोग वह गंध लेने और शिकार को मुँह तक पहुँचाने के लिए करता है।

प्रश्न 10 : रेशम के कीड़े क्या खाते हैं ?

उत्तर : वैसे तो रेशम के कीड़े पौधे या पत्तियों से भोजन प्राप्त करते हैं, परंतु भोजन न मिलने पर एक-दूसरे को ही खाने लगते हैं।

4 जलचर

प्रश्न 1 : एक दरियाई घोड़ा अपना मुँह कितना खोल सकता है ?

उत्तर : इतना कि 4 फीट का बच्चा खड़ा होकर उसके मुँह में आ सकता है।

प्रश्न 2 : मगरमच्छ के दाँत टूट जाने पर क्या होता है ?

उत्तर : मगरमच्छ के दाँत टूट जाने पर या पुराने पड़ जाने पर नए दाँत उग आते हैं। उसके जीवन-पर्यंत नए दाँत उगते रहते हैं।

प्रश्न 3 : ब्ल्यू व्हेल का वजन लगभग कितना होता है ?

उत्तर : ब्ल्यू व्हेल विश्व का सबसे बड़ा स्तनपायी जीव है। इसका वजन जन्म के समय 50 टन होता है और वयस्क होने पर 150 टन तक हो जाता है। ब्ल्यू व्हेल का दिल एक कार जितना बड़ा होता है और इसकी जीभ हाथी के समान लंबी होती है।

प्रश्न 4 : ऑक्टोपस की आँख कितनी तेजी से झपकती है ?

उत्तर : ऑक्टोपस की आँख तेज रोशनी में प्रति सेकेंड 70 बार झपकती है।

प्रश्न 5 : घोंघे के कितने दाँत होते हैं?

उत्तर : घोंघे के 25,000 तक दाँत हो सकते हैं।

प्रश्न 6 : मछली पानी के भीतर या बाहर देख पाती है या नहीं? यदि हाँ, तो कैसे?

उत्तर : मछली पानी के अंदर व बाहर का एक साथ देख सकती है। उसकी आँख एक परदे (फ्लैप) के द्वारा बँटी सी रहती है। अतः एक खुले भाग से वह बाहर हवा में और एक खुले भाग से पानी के भीतर देख सकती है।

प्रश्न 7 : डॉल्फिन मछली कैसे सोती है?

उत्तर : डॉल्फिन मछली एक आँख बंद करके सोती है।

प्रश्न 8 : मछली प्रतिदिन कितना पानी पीती है?

उत्तर : मछली पानी में रहती है, परंतु पानी कभी नहीं पीती। उसे अपने भोजन से मिले पानी से ही तृप्ति हो जाती है। यदि साँस लेते समय पानी उसके मुँह में जाता है तो वह पेट तक नहीं पहुँचता।

प्रश्न 9 : मगरमच्छों को यदि पानी में गहराई तक डुबकी लगानी हो तो वे क्या करते हैं?

उत्तर : पानी में गहराई तक डुबकी लगाने के लिए मगरमच्छ पत्थर निगला करते हैं।

5 मानव शरीर

प्रश्न 1 : सामान्य मनुष्य अपने जीवन में लगभग कितना चलता है?

उत्तर : एक सामान्य व्यक्ति अपने जीवनकाल में दुनिया के दो चक्कर लगाने के बराबर तक चल लेता है।

प्रश्न 2 : हम प्रतिक्षण पलकें झपकाते हैं, क्या आप अंदाजा लगा सकते हैं कि हम एक वर्ष में कितनी बार पलक झपकाते हैं?

उत्तर : मानव एक वर्ष में लगभग एक करोड़ बार पलकें झपकाते हैं।

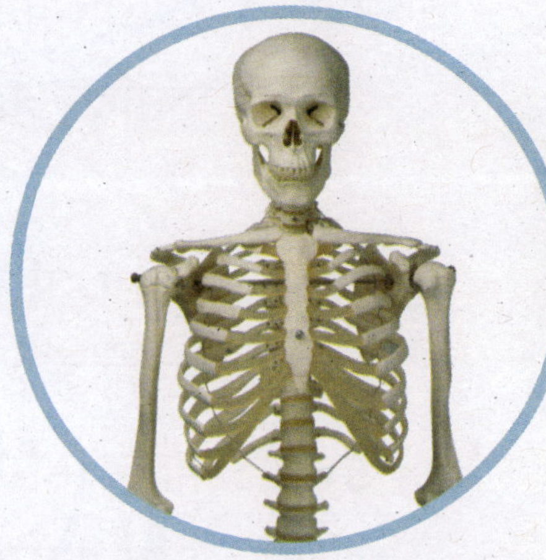

प्रश्न 3 : मानव शरीर में कुल कितनी हड्डियाँ होती हैं?

उत्तर : मानव शरीर में 206 हड्डियाँ होती हैं।

प्रश्न 4 : मानव शरीर में पानी का प्रतिशत कितना होता है?

उत्तर : मानव शरीर में 55 से 78 प्रतिशत तक पानी होता है।

प्रश्न 5 : आराम के दौरान हम कितनी बार साँस लेते हैं?

उत्तर : आराम के दौरान हम प्रति मिनट 15–16 बार साँस लेते हैं।

प्रश्न 6 : मानव शरीर की सबसे छोटी हड्डी कौन सी होती है ?

उत्तर : मानव शरीर की सबसे छोटी हड्डी कान के भीतर रकाब हड्डी होती है।

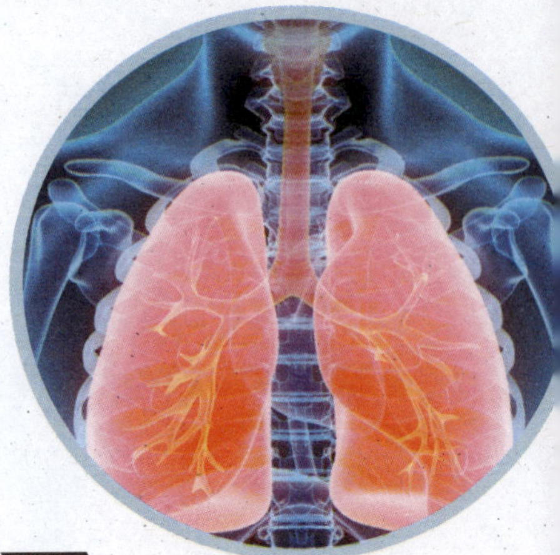

प्रश्न 7 : मानव शरीर में कितने फेफड़े होते हैं ? क्या उनका आकार समान होता है ?

उत्तर : मानव शरीर में दो फेफड़े होते हैं, जिनमें दायाँ फेफड़ा बाएँ से बड़ा होता है।

प्रश्न 8 : मानव मस्तिष्क की कोशिकाएँ किस उम्र में घटना शुरू हो जाती हैं ?

उत्तर : 35 वर्ष की आयु में पहुँचने पर 7000 कोशिकाएँ प्रतिदिन कम होने लगती हैं।

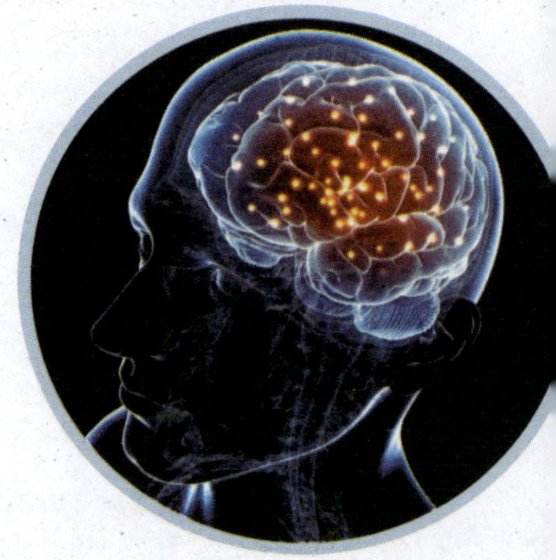

प्रश्न 9 : मानव मस्तिष्क किस समय अधिक तेजी से कार्य करता है ?

उत्तर : मानव मस्तिष्क दिन की अपेक्षा रात में अधिक सक्रिय होता है व ज्यादा सोचता है।

प्रश्न 10 : छींकते समय क्या किसी की आँख खुली रह सकती है ?

उत्तर : नहीं, छींकते समय आँखें खोले रखना असंभव है।

प्रश्न 11 : मानव शरीर में लगभग कितना खून होता है ?

उत्तर : मानव शरीर में सामान्यतया 5.5 लीटर खून होता है।

6 खेलकूद

प्रश्न 1 : भारत का राष्ट्रीय खेल कौन सा है?

उत्तर : हॉकी।

प्रश्न 2 : क्रिकेट किस-किस देश का राष्ट्रीय खेल है?

उत्तर : इंग्लैंड तथा ऑस्ट्रेलिया।

प्रश्न 3 : क्रिकेट टीम में कितने खिलाड़ी होते हैं?

उत्तर : क्रिकेट टीम में 11 खिलाड़ी होते हैं। हॉकी व फुटबॉल में भी 11 खिलाड़ी होते हैं।

प्रश्न 4 : बैडमिंटन में एक साथ एक तरफ कितने खिलाड़ी होते हैं?

उत्तर : एक या दो। टेनिस और टेबल टेनिस में भी एक तरफ एक या दो खिलाड़ी होते हैं।

प्रश्न 5 : बास्केट बॉल टीम में कितने खिलाड़ी होते हैं?

उत्तर : पाँच।

प्रश्न 6 : कबड्डी टीम में कितने खिलाड़ी होते हैं?

उत्तर : कबड्डी टीम में आठ खिलाड़ी होते हैं।

प्रश्न 7 : ओलंपिक कितने वर्ष बाद होते हैं और इसके लोगो में कितने छल्ले यानी रिंग बने होते हैं?

उत्तर : ओलंपिक खेल हर चार वर्ष पश्चात् होते हैं। वर्ष 1940 और 1944 में विश्व युद्ध के कारण ये खेल नहीं हो सके। इसके चिह्न में बने पाँच रिंग पाँच महाद्वीपों का प्रतिनिधित्व करते हैं।

प्रश्न 8 : भारत में क्रिकेट का भगवान् किसे कहा जाता है?

उत्तर : सचिन तेंदुलकर को भारत ही नहीं, विश्व में क्रिकेट का भगवान् कहा जाता है।

प्रश्न 9 : उड़न परी किस खिलाड़ी को कहा जाता है?

उत्तर : पी.टी. ऊषा को 'उड़न परी' कहा जाता है। उन्होंने अपने सक्रिय खेल जीवन में 102 अंतररष्ट्रीय पदक जीते।

प्रश्न 10 : 'हॉकी का जादूगर' किसे कहा जाता है?

उत्तर : मेजर ध्यानचंद को।

प्रश्न 11 : माउंट एवरेस्ट पर चढ़ाई कर विजय प्राप्त करने वाले प्रथम साहसी भारतीय कौन थे?

उत्तर : नोर्गे विश्व की सबसे ऊँची चोटी माउंट एवरेस्ट पर विजय पाने वाले प्रथम भारतीय थे।

7 विज्ञान व वैज्ञानिक

प्रश्न 1 : जब किसी जलपात्र में बर्फ पिघलती है तो पात्र में जल का स्तर कम होगा या ज्यादा ?

उत्तर : वैसे ही रहेगा।

प्रश्न 2 : जंग लग जाने पर लोहे का वजन घटेगा अथवा बढ़ेगा ?

उत्तर : वजन बढ़ेगा।

प्रश्न 3 : टेप रिकॉर्डर किस सिद्धांत पर कार्य करता है ?

उत्तर : विद्युत् चुंबकीय प्रेरणा।

प्रश्न 4 : चंद्रग्रहण कब होता है ?

उत्तर : जब सूर्य पृथ्वी और चंद्रमा के बीच आ जाता है।

प्रश्न 5 : सूर्यग्रहण कब होता है ?

उत्तर : जब चंद्रमा सूर्य और पृथ्वी के बीच आ जाता है।

प्रश्न 6 : दूध में प्राकृतिक रूप से पाई जाने वाली शर्करा क्या कहलाती है ?

उत्तर : लैक्टोस।

प्रश्न 7 : परमाणु विकिरण मानव शरीर के लिए बहुत नुकसानदेह है, परंतु शरीर के किस अंग पर इसका प्रभाव नहीं पड़ता?

उत्तर : मस्तिष्क।

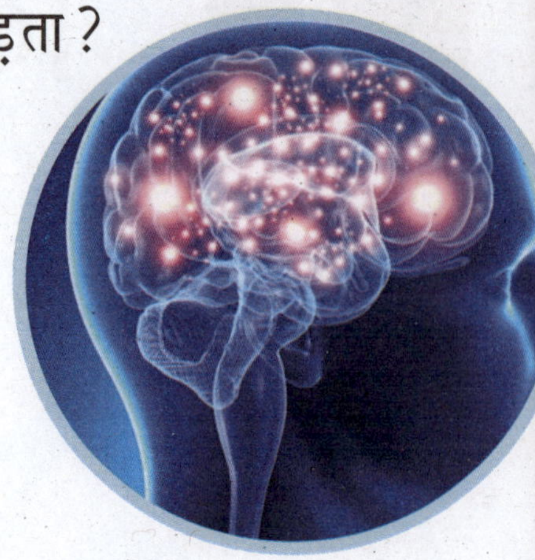

प्रश्न 8 : स्टील की केतली, फ्राइंगपेन आदि में हैंडल लकड़ी के लगाए जाते हैं, क्यों?

उत्तर : क्योंकि लकड़ी गरमी की कुचालक होती है।

प्रश्न 9 : आग बुझाने वाली मशीनों या सिलेंडरों में कौन सी गैस भरी जाती है?

उत्तर : कार्बन डाइऑक्साइड।

प्रश्न 10 : ठंडे देशों में पानी में रेडिएटर्स में ग्लायसरॉल मिलाया जाता है, किसलिए?

उत्तर : पानी को जमाने वाली ठंडक कम करने के लिए।

प्रश्न 11 : माचिस की तीली के अगले सिरे पर कौन सा पदार्थ लगा होता है?

उत्तर : फास्फोरस।

प्रश्न 12 : जल को बिजली के करंट से लगी आग बुझाने के लिए प्रयोग करने से क्यों मना किया जाता है?

उत्तर : इससे दूसरा शार्ट सर्किट हो सकता है।

8 चिकित्सा विज्ञान

प्रश्न 1 : आर्थराइटिस शरीर के किस भाग से संबंधित समस्या है ?

उत्तर : शरीर के जोड़ों से संबंधित। इससे हड्डियों के जोड़ों में दर्द की समस्या हो जाती है, जैसे घुटनों में दर्द की समस्या।

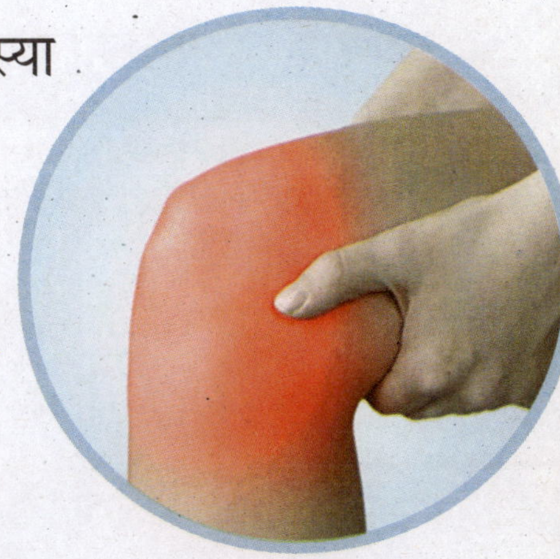

प्रश्न 2 : अस्थमा शरीर के किस भाग को प्रभावित करता है ?

उत्तर : फेफड़ों को।

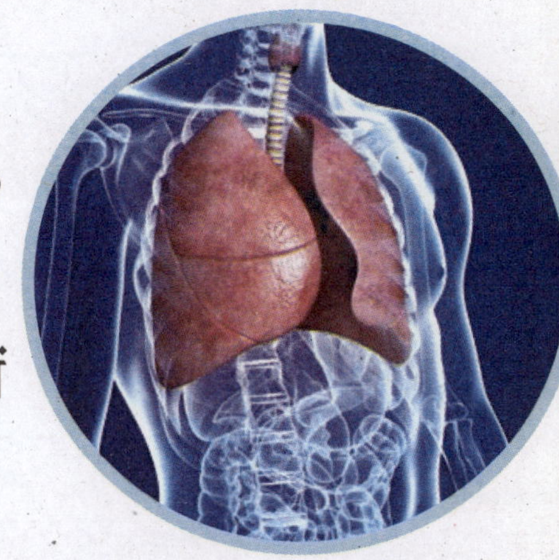

प्रश्न 3 : मोतियाबिंद (कैटरेक्ट) से क्या समस्या होती है ?

उत्तर : इससे आँखों की समस्या होती है, दृष्टि किसी वस्तु पर केंद्रित नहीं होती और स्पष्ट दिखाई नहीं देता।

प्रश्न 4 : मधुमेह अर्थात् डायबिटीज में शरीर का कौन सा अंग प्रभावित होता है ?

उत्तर : पाचक ग्रंथि (पैंक्रियाज)। इस बीमारी में कुछ भी मीठा खाना नुकसानदेह होता है।

प्रश्न 5 : ग्लूकोमा शरीर के किस अंग से संबंधित है ?

उत्तर : आँखों जैसे।

प्रश्न 6 : एक्जिमा होने पर शरीर में कहाँ प्रभाव होता है?

उत्तर : त्वचा पर।

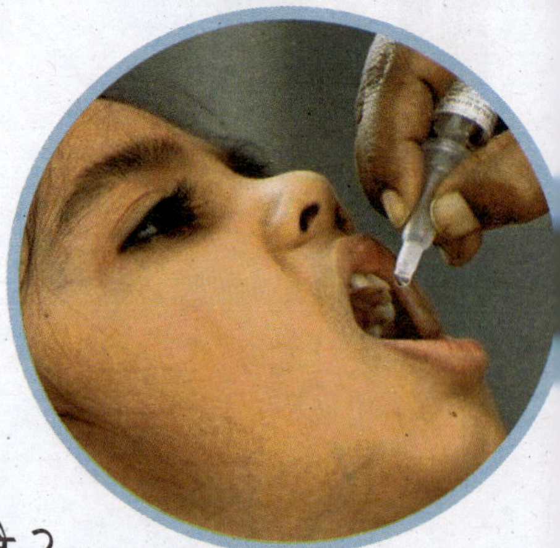

प्रश्न 7 : पीलिया (जांडिस) होने पर शरीर के किस भाग पर प्रभाव पड़ता है?

उत्तर : जिगर (लिवर) को।

प्रश्न 8 : पोलियो में शरीर का कौन सा भाग प्रभावित होता है?

उत्तर : शरीर के महत्त्वपूर्ण जोड़, विशेषकर पैर चलने में असमर्थ होते हैं।

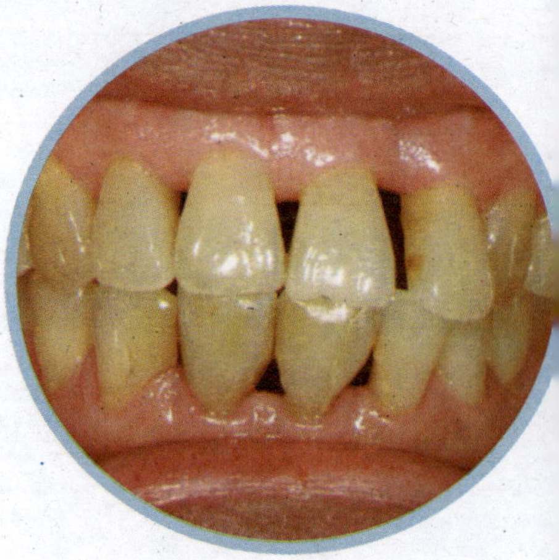

प्रश्न 9 : टायफॉइड में शरीर के किस अंग पर विशेष प्रभाव पड़ता है?

उत्तर : आँतों पर।

प्रश्न 10 : गरदन दर्द यानी सर्वाइकल पेन क्यों होता है?

उत्तर : लगातार झुककर काम करने, ज्यादा वजन उठाने, अचानक झटका आने, मांसपेशियाँ कमजोर होने व सोने के तौर-तरीके गलत होने से सर्वाइकल पेन हो जाता है।

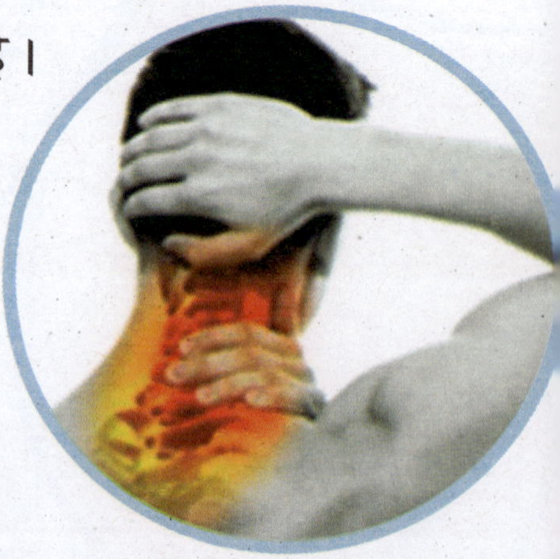

प्रश्न 10 : टी.बी. की बीमारी क्या होती है तथा शरीर के किस अंग को प्रभावित करती है?

उत्तर : ट्यूबरक्यूलोसिस यानी टी.बी. बैक्टीरिया के कारण होने वाली संक्रामक बीमारी है। यह बीमारी ज्यादातर फेफड़ों को प्रभावित करती है।

9 रसायन विज्ञान

प्रश्न 1 : कार्बन का शुद्ध रूप क्या है—कोयला, हीरा अथवा ग्रेफाइट ?

उत्तर : हीरा।

प्रश्न 2 : सामान्य शुष्क हवा में कौन सी गैसें शामिल होती हैं ?

उत्तर : नाइट्रोजन, ऑक्सीजन, आर्गन, कार्बन डाइऑक्साइड।

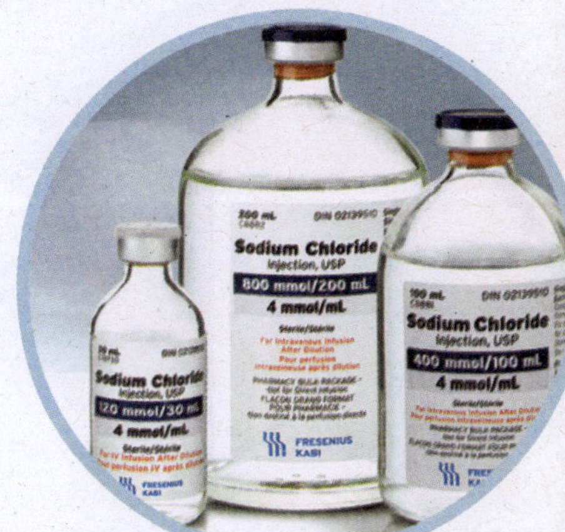

प्रश्न 3 : सादा नमक का रासायनिक नाम क्या है ?

उत्तर : सोडियम क्लोराइड।

प्रश्न 4 : कौन सी धातु का लवण फोटोग्राफिक फिल्म पर परत चढ़ाने के काम आता है ?

उत्तर : चाँदी का।

प्रश्न 5 : गोबर गैस का मुख्य संघटक क्या है ?

उत्तर : मीथेन गैस।

प्रश्न 6 : पेट्रोलियम में कौन सा कॉप्लेक्स मिश्रण होता है ?

उत्तर : हाइड्रोकार्बन।

प्रश्न 7 : किस पदार्थ में सबसे अधिक उष्णता पाई जाती है ?

उत्तर : पानी में।

प्रश्न 8 : कौन सा पदार्थ अणु के केवल एक रूप से बनता है ?

उत्तर : कार्बन डाइऑक्साइड।

प्रश्न 9 : कौन सा तत्त्व सभी अम्लों में एक जैसा होता है ?

उत्तर : हाइड्रोजन।

प्रश्न 10 : कपड़ों पर लगे जंग के दाग को किससे हटाया जा सकता है।

उत्तर : पैट्रोल से।

प्रश्न 11 : कौन सी धातु प्रकृति में सहज स्थिति में सदैव पाई जाती है ?

उत्तर : सोना।

प्रश्न 12 : कौन सी गैस वायु को प्रदूषित नहीं करती है ?

उत्तर : नाइट्रोजन डाइ ऑक्साइड।

प्रश्न 13 : विटामिन सी का रासायनिक नाम क्या है ?

उत्तर : एस्कोर्बिक अम्ल।

10 जीव विज्ञान

प्रश्न 1 : पौधे दिन में कौन सी गैस छोड़ते हैं?

उत्तर : ऑक्सीजन।

प्रश्न 2 : यदि विश्व के सभी वृक्ष नष्ट हो जाते हैं तो वन्य जीवन भी किसकी चाह में समाप्त हो जाएगा।

उत्तर : ऑक्सीजन की।

प्रश्न 3 : तने का वह क्षेत्र, जिससे पत्ते निकलते हैं, उसे क्या कहते हैं?

उत्तर : पर्णसंधि।

प्रश्न 4 : हरे पौधों को भोजन पैदा करने के लिए कौन सी चीज अनिवार्य है?

उत्तर : प्रकाश।

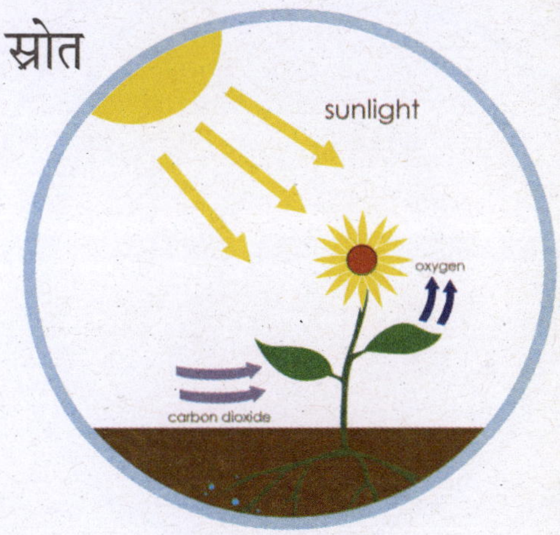

प्रश्न 5 : पौधों में प्रकाश-संश्लेषण में ऑक्सीजन का क्या स्रोत होता है?

उत्तर : कार्बन डाइऑक्साइड।

प्रश्न 6 : फूलों का रंग किसके कारण होता है?

उत्तर : पादप वर्णक।

प्रश्न 7 : पौधों में हरे पत्तों का क्या कार्य होता है?

उत्तर : प्रकाश संश्लेषण।

प्रश्न 8 : पौधे की वह जड़ जिसका विकास मूल जड़ से नहीं, वस्तुत: सीधे तने से होता है, वह क्या कहलाती है—रेशेदार जड़, रूपांतरित जड़ या अतिरिक्त जड़।

उत्तर : अतिरिक्त जड़।

प्रश्न 9 : मछली कहाँ से श्वास लेती है?

उत्तर : गलफड़ों से।

प्रश्न 10 : सबसे बड़ा मेरुदंडी कौन है?

उत्तर : व्हेल।

प्रश्न 11 : पशु जगत् के वर्गीकरण के अनुसार फाइलम मेरुदंड वाला जीव कौन है?

उत्तर : कुत्ता।

प्रश्न 12 : जल की सतह पर तेल की परत होने पर लिली के पत्तों से क्या मदद मिलती है?

उत्तर : वे जलावरोधी बनाते हैं।

11 वैज्ञानिक आविष्कार

प्रश्न 1 : प्रिंटिंग प्रेस का आविष्कार कब हुआ?

उत्तर : सन् 1455 में जर्मनी के जोहान गुटेनबर्ग ने प्रिंटिंग प्रेस का आविष्कार किया।

प्रश्न 2 : माइक्रोस्कोप का आविष्कार किसने और कब किया?

उत्तर : नीदरलैंड के जेड जेनसेन ने सन् 1590 में माइक्रोस्कोप का आविष्कार किया था।

प्रश्न 3 : साइकिल (दो पहियों वाली) का आविष्कार कब हुआ?

उत्तर : इंग्लैंड के किर्कपैट्रिक मैकमिलन ने 1939-40 में साइकिल का आविष्कार किया।

प्रश्न 4 : थर्मामीटर का आविष्कार किसने किया?

उत्तर : इटली के गैलीलियो गैलिली ने सन् 1593 में थर्मामीटर का आविष्कार किया।

प्रश्न 5 : घड़ी का आविष्कार किसने और कब किया?

उत्तर : सन् 1725 में चीन के आइ हिसिंग तथा लियाग लिंग ट्सान ने घड़ी का आविष्कार किया।

प्रश्न 6 : भाप से चलने वाले जहाज का आविष्कार कब हुआ ?

उत्तर : सन् 1775 में फ्रांस के जे.सी. पेरियर ने इसका आविष्कार किया।

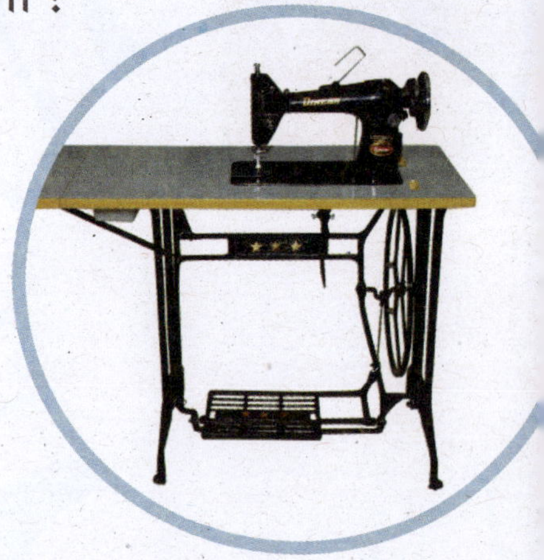

प्रश्न 7 : टेलीग्राफ का आविष्कार किसने किया ?

उत्तर : फ्रांस के एम लेमंड ने सन् 1787 में।

प्रश्न 8 : सिलाई मशीन का आविष्कार कब व किसने किया ?

उत्तर : सन् 1829 में फ्रांस के बार्थेलेमी थिमोनियर ने।

प्रश्न 9 : ट्रांसफार्मर का आविष्कार कब हुआ ?

उत्तर : सन् 1831 में, ब्रिटेन के माइकेल फैराडे द्वारा।

प्रश्न 10 : सेफ्टी पिन का आविष्कार किसने व कब किया ?

उत्तर : सन् 1849 में अमेरिका के वाल्टर हंट ने सेफ्टी पिन का आविष्कार किया।

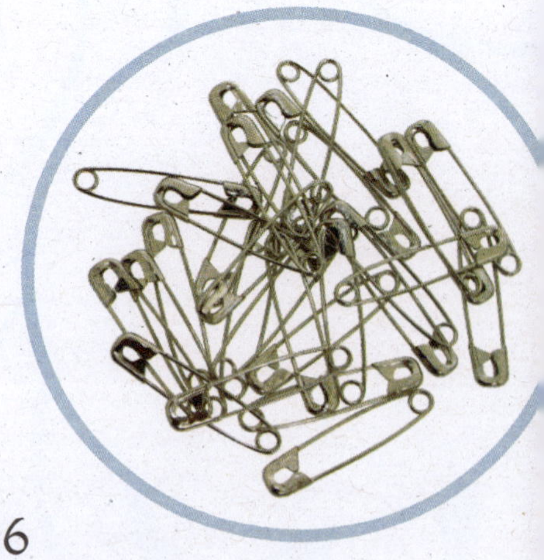

प्रश्न 11 : बॉल प्वॉइंट पेन का आविष्कार किसने किया ?

उत्तर : अमेरिका के जॉन जे लाउड ने सन् 1888 में।

प्रश्न 12 : टेलीविजन का आविष्कार कब हुआ ?

उत्तर : टेलीविजन (मेकैनिकल) का आविष्कार सन् 1926 में ब्रिटेन के जॉन लॉगी बेयर्ड और इलेक्ट्रॉनिक टेलीविजन का आविष्कार 1927 में अमेरिका के पी.टी. फॉर्सवर्थ ने किया।

12 खोज

प्रश्न 1 : अल्युमिनियम की खोज कब तथा किसने की?

उत्तर : सन् 1827 में डेनमार्क के हैंस किश्चियन ऑर्सटेड ने।

प्रश्न 2 : क्लोरीन की खोज किसने की?

उत्तर : सन् 1774 में स्वीडन के.सी.डब्ल्यू. शिले ने

प्रश्न 3 : इलेक्ट्रॉन की खोज कब हुई?

उत्तर : सन् 1897 में, इंग्लैंड के सर जोसेफ थॉमसन द्वारा।

प्रश्न 4 : हाइड्रोजन की खोज किसने तथा कब की?

उत्तर : सन् 1776 में इंग्लैंड के हेनरी केवंडिश ने हाइड्रोजन की खोज की।

प्रश्न 5 : नेप्च्यून ग्रह की खोज किसने की?

उत्तर : जर्मनी के जोहान गाले ने सन् 1846 में।

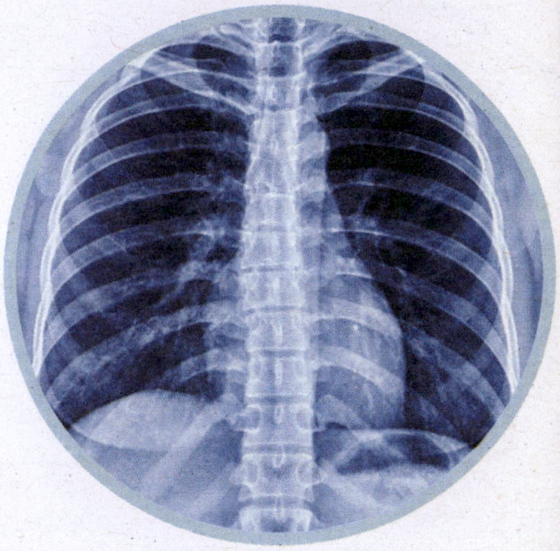

प्रश्न 6 : ऑक्सीजन की खोज कब हुई?

उत्तर : सन् 1772 में, इंग्लैंड के जोसेफ प्रीस्टली द्वारा।

प्रश्न 7 : एक्स रे की खोज कब हुई?

उत्तर : सन् 1895 में, जर्मनी के विल्हम रोंटजेन द्वारा।

प्रश्न 8 : प्लूटो ग्रह की खोज कब हुई?

उत्तर : सन् 1930 में अमेरिका के क्लाइड टोम्बौग ने प्लूटो की खोज की।

प्रश्न 9 : सिलिकॉन की खोज किसने की?

उत्तर : सन् 1824 में स्वीडन के जॉन्स बर्जीलस ने।

प्रश्न 10 : यूरेनस ग्रह की खोज कब हुई?

उत्तर : सन् 1781 में इंग्लैंड के विलियम हर्षेल ने यूरेनस ग्रह की खोज की।

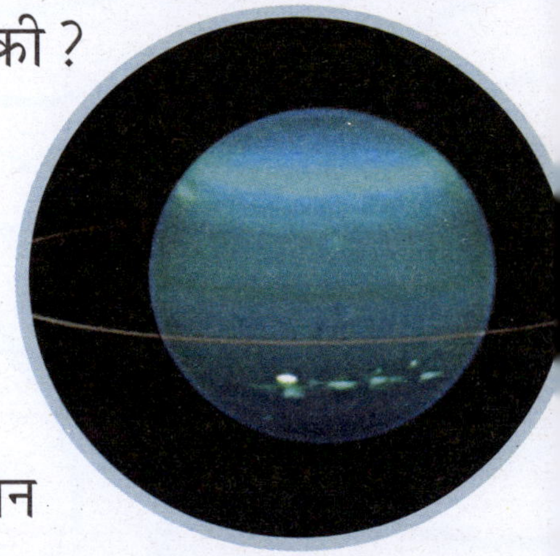

प्रश्न 11 : बिजली के संचालन के सिद्धांत की खोज किसने की?

उत्तर : सन् 1827 में जर्मनी के जार्ज ओह्म ने।

प्रश्न 12 : पेनिसिलिन का आविष्कार कब हुआ और किसने किया?

उत्तर : सन् 1928 में सर अलेक्जेंडर फ्लेमिंग ने पेनिसिलिन का आविष्कार किया।

प्रश्न 13 : एटम सिद्धांत का प्रतिपादन किसने किया?

उत्तर : वैज्ञानिक कानडा ने।

प्रश्न 14 : रैबीज नामक बीमारी के इलाज की खोज किसने की?

उत्तर : लुई पास्चर ने।